Le Brésil et le Portugal en 30 comptines

Comptines et chansons du papagaio

Collectage : Magdeleine Lerasle
Direction musicale : Paul Mindy
Illustrations : Aurélia Fronty

Direction vocale : Gerson Leonardi
Traductions : Alice Machado, sous la direction de Michèle Moreau

Sommaire

Préface	p. 7	
Papagaio loiro	p. 8	CD 1
O vendedor de água	p. 10	CD 2
A janelinha fecha	p. 12	CD 3
Boi, boi, boi	p. 13	CD 4
Ó oliveira da serra	p. 14	CD 5
Meu limão, meu limoeiro	p. 15	CD 6
Minhoca, minhoca	p. 16	CD 7
Samba, Samba, Samba lê lê	p. 17	CD 8
Um, dois, feijão com arroz	p. 18	CD 9
De abóbora faz melão	p. 19	CD 10
Se essa rua fosse minha	p. 20	CD 11
Dedo mindinho	p. 22	CD 12
Tão balalão	p. 22	CD 13
Escravos de Jó	p. 24	CD 14
Fui no Itororó	p. 26	CD 15
Dorme, dorme, meu menino	p. 28	CD 16
A machadinha	p. 30	CD 17
Pico, pico, maçarico	p. 31	CD 18
Marinheiro só	p. 32	CD 19
Fui ao mercado	p. 34	CD 20
Atirei o pau no gato	p. 36	CD 21
A galinha do vizinho	p. 37	CD 22
Os olhos da Carolina	p. 39	CD 23
As pombinhas da Cat'rina	p. 40	CD 24
Pombinha branca	p. 41	CD 25
Ciranda, cirandinha	p. 42	CD 26
Lá vai uma, lá vão duas	p. 44	CD 27
O trem maluco	p. 46	CD 28
São João	p. 48	CD 29
Teresinha de Jesus	p. 50	CD 30
Postface et commentaires	p. 52	

Préface

J'étais sur le point de partir en vacances au Portugal, dans la maison de mon père, lorsque je rencontrai Magdeleine Lerasle à Paris, dans une librairie en plein cœur du Quartier Latin. Elle cherchait avec ardeur des comptines originales pour enrichir le corpus qui devrait donner vie à ce livre. Nous avons parlé avec beaucoup d'enthousiasme de son projet et tout de suite je m'en suis sentie investie. Puis nous nous sommes donné rendez-vous à la rentrée.

Au fur et à mesure de nos nombreuses rencontres, des mots et des mélodies anciennes remontaient jusqu'à moi, comme si la distance et le temps étaient peu à peu abolis. Je redevenais une petite fille, dans les hauts plateaux de mon pays. Je retrouvais les gestes, presque vierges, les parfums, les couleurs qui avaient bercé mon enfance. Tout se mélangeait dans ma tête : la voix de ma grand-mère, assise devant le feu durant les soirées d'hiver, nous racontant des *contos e adivinhas*, les chansons des jeunes filles revenant des champs, *Os olhos da Carolina*, le chant des hommes avec leur chapeau couleur de blé, et les berceuses des mères, *Dorme, dorme, meu menino*.

Plongée au cœur de ce projet, j'interrogeai ma sœur, mon père, mes amis portugais, brésiliens. Avec eux, ces fragments d'enfance retrouvée prirent corps. J'ai connu des moments inoubliables. Ce sont ces instants riches d'émotion et de générosité que je voudrais faire revivre à l'intérieur de ce livre-CD.

Je laisse ici des trésors émerveillés de mon enfance au Portugal, et un amour en partage avec tous nos lecteurs...

Alice Machado
écrivain

Papagaio loiro
    Perroquet d'or
De bico doirado,
    Au bec doré,
Leva-me esta carta
    Apporte cette lettre
Ao meu namorado !
    À mon fiancé !

Ele não é frade,
    Il n'est ni moine,
Nem homem casado,
    Ni marié,
É rapaz solteiro
    Mais jeune, célibataire,
Lindo como um cravo !
    Et beau comme un œillet !

Papagaio loiro
CD 1

O vendedor de água

CD 2

Quem compra, compra,
  J'ai de l'eau à vendre !
Quem quer comprar,
  Qui veut d'mon eau ?
Água fresquinha pra refrescar,
  De l'eau fraîche, bien fraîche !
Pra refrescar meu coração ?
  Pour rafraîchir mon cœur !

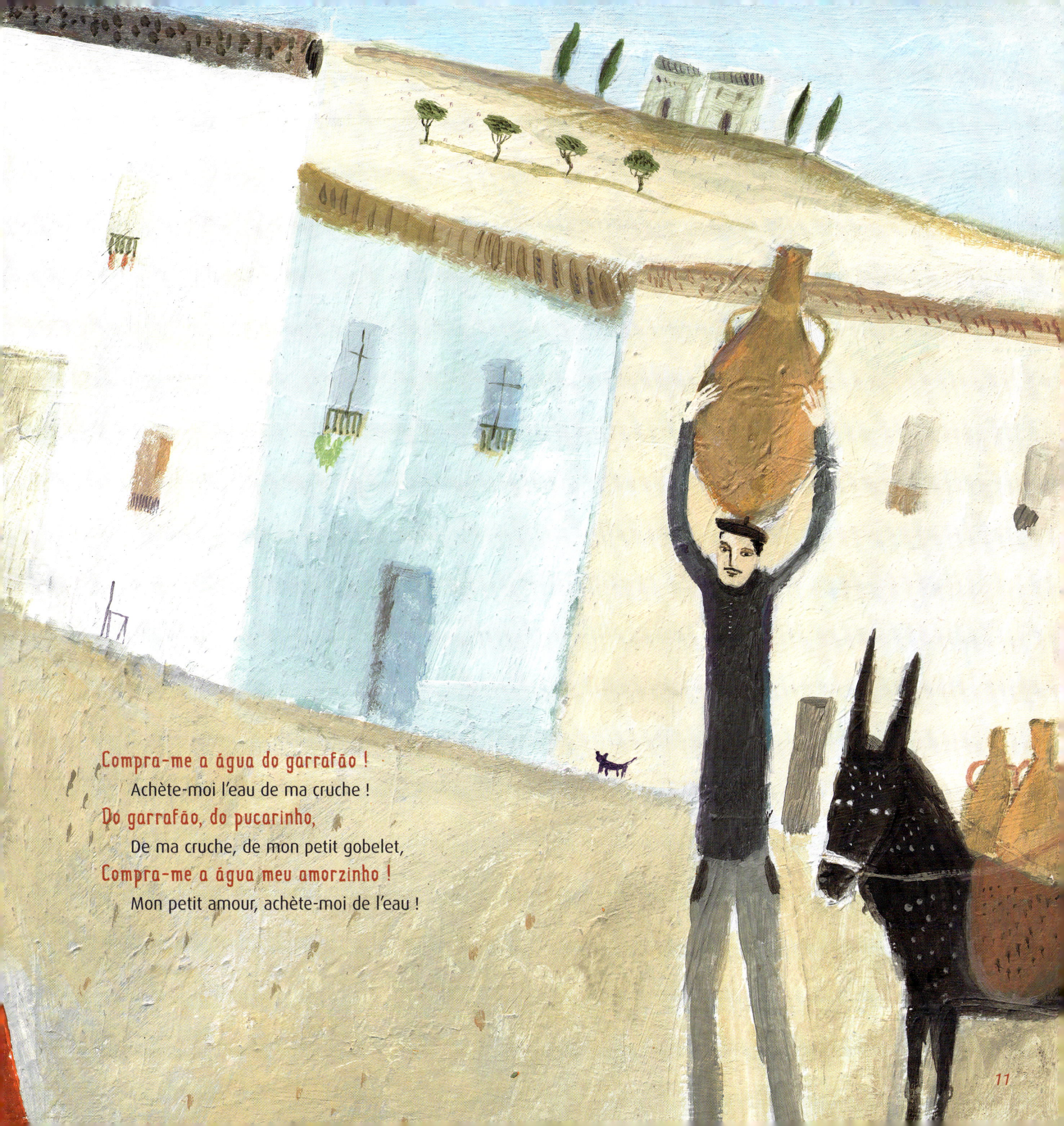

Compra-me a água do garrafão !
 Achète-moi l'eau de ma cruche !
Do garrafão, do pucarinho,
 De ma cruche, de mon petit gobelet,
Compra-me a água meu amorzinho !
 Mon petit amour, achète-moi de l'eau !

Boi, boi, boi

A janelinha fecha
   La petite fenêtre se ferme
Quando está chovendo.
   Quand il pleut.
A janelinha abre
   La petite fenêtre s'ouvre
Se o sol está aparecendo.
   Quand le soleil se lève.

Fechou, abriu ! (bis)
   Fermé, ouvert !
Fechou, abriu, fechou ! (bis)
   Fermé, ouvert, fermé !

Boi, boi, boi,
   Bœuf, ô bœuf,
Boi da cara preta,
   Bœuf à la tête noire,
Pega essa menina,
   Prends cette enfant,
Que tem medo de careta.
   Elle a peur du masque.

Ó oliveira da serra

Ó oliveira da serra,
    Olivier de la montagne,
Ó vento leva a flor. (bis)
    Le vent porte tes fleurs.

Ó-li-ó-ai, só a mim ninguém me leva,
    Ó-li-ó-ai, hélas ! personne ne me porte,
Ó-li-ó-ai, para o pé do meu amor ! (bis)
    Ó-li-ó-ai, auprès de mon amour !

Ó oliveira da serra,
    Olivier de la montagne,
Ó vento leva a ramada. (bis)
    Le vent porte tes rameaux.

Ó-li-ó-ai, só a mim ninguém me leva,
    Ó-li-ó-ai, hélas ! personne ne me porte,
Ó-li-ó-ai, para o pé da minha amada. (bis)
    Ó-li-ó-ai, auprès de mon aimée !

Meu limão, meu limoeiro

CD 6

Meu limão, meu limoeiro,
    Mon citron, mon citronnier,
Meu pé de jacarandá,
    Mon pied de jacaranda,
Uma vez esquindô lê lê,
    Tu es passée par ici,
Outra vez esquindô lá lá, (bis)
    Et tu es passée par là,
Morena, minha morena,
    Brune, oh ! ma brune,
Corpo de linha torcida,
    Avec ton corps de liane,
Queira Deus você não seja
    J'implore le ciel que tu ne sois pas
Perdição da minha vida.
    Le naufrage de ma vie.

Minhoca, minhoca

CD 7

Minhoca, minhoca,
    Petit ver de terre,
Me dá uma beijoca !
    Donne-moi un gros bisou !
– Não dou, não dou, não dou.
    – Non, non, non, pas de bisou.
Então eu vou roubar !
    Alors, je vais le voler !
Smack !

Minhoco, minhoco,
    Petit ver de terre,
Cê tá ficando louco !
    T'es complètement cinglé !
Você beijou errado,
    Ton baiser, tu t'es trompé,
A boca é do outro lado !
    La bouche est de l'autre côté !
Smack !

Samba, Samba, Samba lê lê

CD 8

Samba lê lê tá doente,
　Samba lê lê est malade,
Tá com a cabeça quebrada,
　Il a la tête cassée,
Samba lê lê precisava
　Samba lê lê a besoin
É de uma boa lambada.
　D'une bonne gifle.

Samba, Samba, Samba ô lê lê
　Samba, Samba, Samba ô lê lê
Pisa na barra da saia ô lá lá ! (bis)
　Marche sur le volant de la jupe oh là là !

Um, dois, feijão com arroz
CD 9

Um, dois, feijão com arroz
    Un, deux, haricots et riz
Três, quatro, feijão no prato
    Trois, quatre, haricots dans le plat
Cinco, seis, molhinho inglês
    Cinq, six, petite sauce anglaise
Sete, oito, comer biscoitos
    Sept, huit, manger des biscuits
Nove, dez, comer pastéis !
    Neuf, dix, manger des feuilletés !

De abóbora faz melão
> D'une citrouille, fais-nous un melon

De melão faz melancia
> D'un melon, fais-nous une pastèque

Faz doce, sinhá, faz doce sinhá
> Fais-nous des sucreries, sinhá,
> fais-nous des fruits confits

Faz doce de maracujá
> Fais-nous de la confiture de maracujá*

Quem quiser aprender a dançar
> Qui veut apprendre à danser

Vai à casa do Juquinha.
> Va dans la maison de Juquinha.

Ele pula, ele dança
> Il saute, il danse

Ele faz requebradinha (bis)
> Et il se dandine !

De abóbora faz melão

CD 10

* maracujá : fruit de la passion.

Se essa rua fosse minha

CD 11

Se essa rua, se essa rua fosse minha,
    Si cette rue, si cette rue était la mienne,
Eu mandava, eu mandava ladrilhar
    Je la ferais, je la ferais paver
Com pedrinhas, com pedrinhas de brillantes,
    De pierres précieuses, d'éclats de brillants,
Para o meu, para o meu amor passar.
    Pour y voir, pour y voir mon amour passer.

Nessa rua, nessa rua tem um bosque
    Dans cette rue, dans cette rue, il y a un bois
Que se chama, que se chama solidão.
    Qui s'appelle, qui s'appelle solitude.
Dentro dele, dentro dele mora um anjo
    Dans ce bois, dans ce bois habite un ange
Que roubou, que roubou meu coração.
    Qui a volé, qui a volé mon cœur.

Se eu roubei, se eu roubei teu coração,
    Si j'ai volé, si j'ai volé, volé ton cœur,
Tu roubaste, tu roubaste o meu também.
    Tu as volé, tu as volé le mien aussi.
Se eu roubei, se eu roubei teu coração,
    Si j'ai volé, si j'ai volé, volé ton cœur,
É porque, é porque te quero bem.
    C'est parce que, c'est parce que je t'aime tant.

Dedo mindinho
CD 12

Éste é um conto de adivinha !
    Ceci est une devinette !

Dedo mindinho
    Voici le tout-petit (l'auriculaire)
O passarinho
    Voici le petit oiseau (l'annulaire)
O maior de todos
    Voici le plus grand de tous (le majeur)
O pinta bolos
    Voici le décorateur de gâteaux (l'index)
O mata piolhos
    Voici le tueur de poux (le pouce)
Tric !

Tão balalão
CD 13

Tão balalão, cabeça de cão !
    Tan balalan ! Une tête de chien !
Orelhas de gato, não tem coração !
    Des oreilles de chat et pas de cœur !

Tão balalão, morreu o Simão !
    Tan balalan ! Simon est mort !
Na terra dos Mouros, Senhor capitão !
    Sur la terre des Maures, Monsieur le Capitaine !

Tão balalão, cabeça de cão !
    Tan balalan ! Une tête de chien !
Cozida e assada no meu caldeirão !
    Cuite et rôtie dans mon chaudron !

Escravos de Jó
  Les esclaves de Job
Jogavam caxangá.
  Jouaient au crabe.
Tira, bota,
  Prends, pose,
Deixa o zambele ficar !
  Fais tourner le zambele* !

Guerreiros com guerreiros
  De guerrier à guerrier,
Fazem zig, zig, zá ! (bis)
  On fait zigui-zigui-zá !

* zambele : petit objet pouvant servir de percussion, c'est aussi le nom d'un oiseau de nuit.

Fui no Itororó
    Je m'en fus à Itororó
Beber água e não achei.
    Boire de l'eau sans rien trouver.
Só achei bela morena
    J'y trouvai la belle brune
Que no Itororó deixei.
    Que là-bas je dus laisser.

Aproveite minha gente
    Profitez les amis
Que uma noite não é nada.
    De la nuit qui dure si peu.
Se não dormir agora,
    Si on ne dort pas maintenant,
Dormirá de madrugada.
    On dormira à l'aube.

Oh ! Dona Maria, oh ! Mariazinha,
    Oh ! Dona Maria, oh ! petite Maria,
Entra nesta roda ou ficarás sòzinha
    Entre dans la ronde ou tu resteras toute seule !
– Sòzinha eu não fico nem hei-de ficar !
    – Toute seule jamais ne resterai, ô grand jamais,
Pois tenho o Chico para ser meu par !
    Car j'ai Chico pour cavalier !

Tira o seu pezinho,
    Donne-moi ton petit pied,
Bota ao pé do meu,
    Mets-le à côté du mien,
E depois não diga,
    Mais après ne dis pas,
Que se arrependeu !
    Que tu le regrettes !

Cala, cala, menino, cala,
  Tout doux, mon bébé, tout doux,
Que mamã foi a Lisboa
  Maman est allée à Lisbonne
Buscar uma coisa boa
  Y chercher de bonnes choses
Para o menino se calar !
  Pour toi, mon bébé, tout doux !

Dorme, dorme, meu menino.
  Fais dodo, mon bébé.
Foi-se o sol, nasceu a lua.
  Le soleil s'en est allé, la lune s'est levée.
Qual será o teu destino ?
  Quelle sera ta destinée ?
Que sorte será a tua ?
  Quel sort t'est réservé ?
Oó, oó, oó, oó

O menino quer dormir,
  L'enfant veut dormir,
E o soninho não quer vir.
  Mais le sommeil ne veut pas venir.
Venham os anjos do céu,
  Anges du ciel, venez,
Ajudar-lo a dormir.
  Venez l'aider à s'endormir.
Oó, oó, oó, oó

Tu não chores meu menino,
  Mon enfant, ne pleure pas,
Que a mãezinha logo vem,
  Bientôt maman reviendra,
Foi lavar os teus paninhos
  Elle est allée laver tes langes
À fontinha de Belém.
  À la fontaine de Bethléem.
Oó, oó, oó, oó

A machadinha CD 17

Ah, ah, ah, minha machadinha, (bis)
   Ah, ah, ah, ma petite hâche,
Quem te pôs a mão, sabendo que és minha ? (bis)
   Qui t'a prise sachant que tu es mienne ?
Sabendo que és minha, também eu sou tua. (bis)
   Puisque tu es à moi, moi je suis à toi.

Salta machadinha lá p'ró meio da rua. (bis)
   Saute, petite hâche, là au milieu de la rue.
Lá p'ró meio da rua não hei-de eu saltar. (bis)
   Au milieu de la rue, moi je ne sauterai pas.
Eu hei-de ir à roda escolher o meu par. (bis)
   J'irai dans la ronde choisir mon cavalier.

Pico, pico, maçarico

CD 18

Pico, pico, maçarico !
   Pique, pique, martin-pêcheur !
Quem te deu tamanho bico ?
   Qui t'a donné un si grand bec ?
Foi o Padre Da Botelha
   C'est le Père La Courge
Ao jogar a sobrancelha,
   Qui fronce les sourcils,
A sobrancelha é miúda,
   Ses sourcils sont menus,
Como a pulga na balança,
   Comme la puce dans la balance,
Dá um pulo e vai pra França !
   Fais un saut et va-t'en en France !

Marinheiro só

Ô marinheiro, marinheiro
 Eh, marin ! Eh, marin !
Marinheiro só,
 Marin solitaire,
Quem te ensinou a nadar ?
 Qui t'a appris à nager ?
Marinheiro só,
 Marin solitaire,
Foi o tombo do navio ?
 Est-ce le roulis du navire ?
Marinheiro só,
 Marin solitaire,
Ou foi o balanço do mar ?
 Ou la houle de la mer ?
Marinheiro só.
 Marin solitaire.

Lá vem, lá vem,
 Il arrive, il arrive,
Marinheiro só.
 Le marin solitaire.
Como ele vem faceiro,
 Comme il est coquet,
Marinheiro só,
 Le marin solitaire,
Todo de branco,
 Tout de blanc vêtu,
Marinheiro só,
 Le marin solitaire,
Com seu bonézinho,
 Avec son petit bonnet,
Marinheiro só.
 Le marin solitaire.

Eu não sou daqui,
 Je ne suis pas d'ici,
Marinheiro só,
 Marin solitaire,
Eu não tenho amor,
 Je n'ai pas d'amour,
Marinheiro só,
 Marin solitaire,
Eu sou da Bahia,
 Je suis de Bahia,
Marinheiro só,
 Marin solitaire,
De São Salvador,
 De São Salvador,
Marinheiro só.
 Marin solitaire.

Fui ao mercado comprar café.
>Je suis allée au marché acheter du café.

Veio a formiguinha e picou meu pé.
>La petite fourmi est venue, elle m'a piqué le pied.

Refrain
E eu sacudi, sacudi, sacudi,
>J'ai secoué, j'ai secoué, j'ai secoué,

Mas a formiguinha não parava de subir.
>Mais la petite fourmi n'arrêtait pas de monter.

Fui ao mercado comprar batata roxa.
>Je suis allée au marché acheter des patates violettes.

Veio a formiguinha e picou a minha coxa.
>La petite fourmi est venue, elle m'a piqué la cuisse.

Fui ao mercado

CD 20

Fui ao mercado comprar mamão.
  Je suis allée au marché acheter de la papaye.
Veio a formiguinha e picou a minha mão.
  La petite fourmi est venue, elle m'a piqué la main.

Fui ao mercado comprar jerimum.
  Je suis allée au marché pour acheter du jerimum*.
Veio a formiguinha e picou o meu bumbum.
  La petite fourmi est venue, elle m'a piqué les fesses.

* jerimum ou giromon : une espèce de potiron.

Atirei o pau no gato

CD 21

Atirei o pau no gato-to
  J'ai j'té un bâton au chat-chat
Mas o gato-to
  Mais le chat-chat
Não morreu-reu-reu.
  N'est pas mort-mort-mort.
Dona Chica-ca
  Dona Chica-ca
Admirou-se-se
  S'est étonnée-née

Do berro, do berro,
  De l'horrible cri, cri,
Que o gato deu !
  Que l'chat a poussé !

Miau ! fffff !

A galinha do vizinho

A galinha do vizinho
　　La poule du voisin
Bota ovo amarelinho.
　　Pond un petit œuf jaune.

Bota um,
　　Elle en pond un,
Bota dois,
　　Elle en pond deux,
Bota três,
　　Elle en pond trois,
Bota quatro,
　　Elle en pond quatre,
Bota cinco,
　　Elle en pond cinq,
Bota seis,
　　Elle en pond six,
Bota sete,
　　Elle en pond sept,
Bota oito,
　　Elle en pond huit,
Bota nove,
　　Elle en pond neuf,
Bota dez !
　　Elle en pond dix !

Os olhos da Carolina CD 23

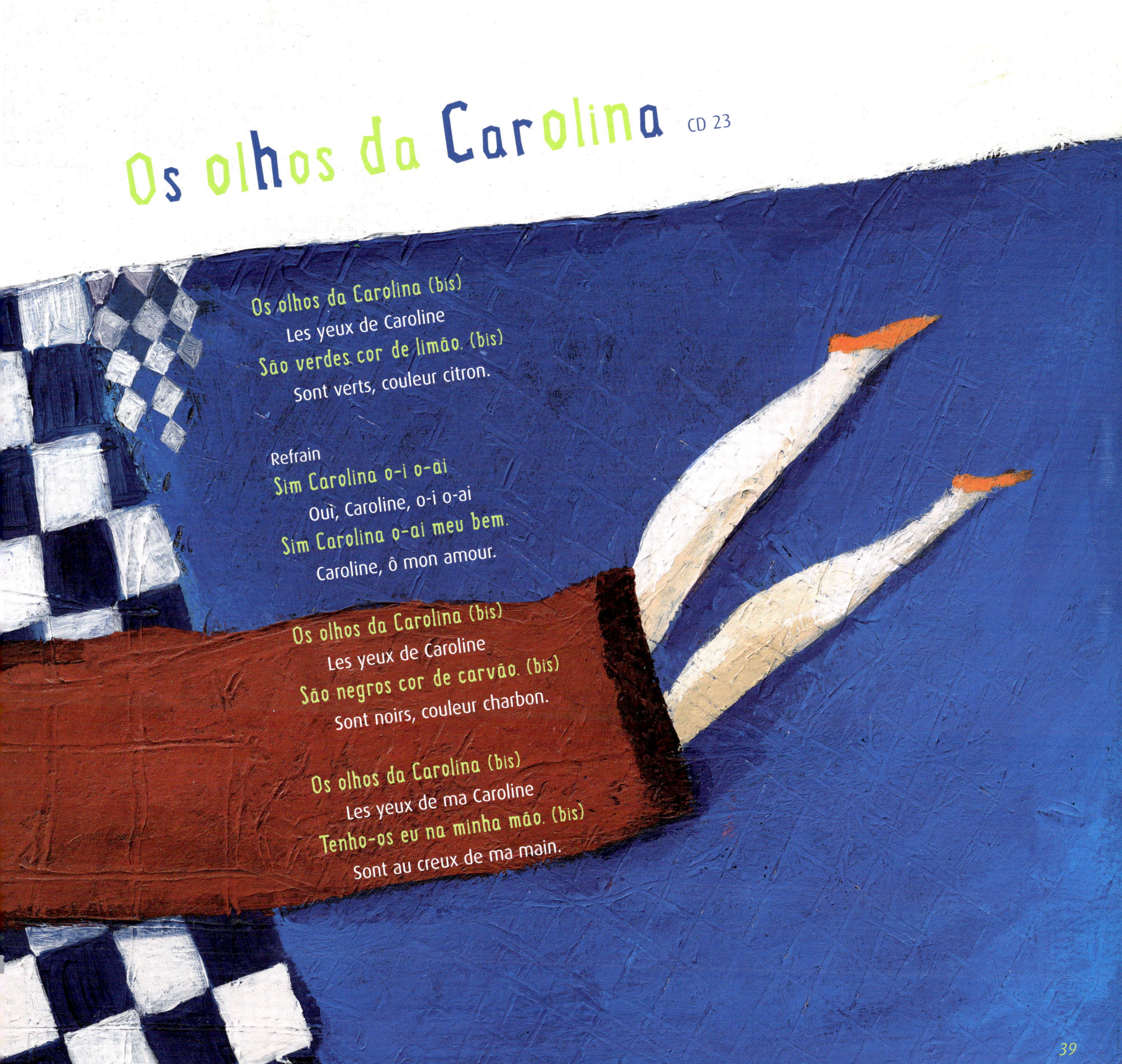

Os olhos da Carolina (bis)
Les yeux de Caroline
São verdes cor de limão. (bis)
Sont verts, couleur citron.

Refrain
Sim Carolina o-i o-ai
Oui, Caroline, o-i o-ai
Sim Carolina o-ai meu bem.
Caroline, ô mon amour.

Os olhos da Carolina (bis)
Les yeux de Caroline
São negros cor de carvão. (bis)
Sont noirs, couleur charbon.

Os olhos da Carolina (bis)
Les yeux de ma Caroline
Tenho-os eu na minha mão. (bis)
Sont au creux de ma main.

As pombinhas da Cat'rina

CD 24

As pombinhas da Cat'rina
    Les colombes de Cat'rina
Andaram de mão em mão. (bis)
    Sont passées de main en main.

Foram ter à Quinta Nova,
    Elles se sont posées à la Quinta Nova,
Ao pombal de São João, (bis)
    Au pigeonnier de Saint-Jean,

Ao pombal de São João,
    Au pigeonnier de Saint-Jean,
À Quinta da Roseirinha. (bis)
    À la Quinta de Roseirinha.

Minha mãe mandou-me à fonte
    Ma mère m'a envoyée à la fontaine
E eu parti a cantarinha. (bis)
    Et j'ai cassé la petite cruche.

– Ó minha mãe não me bata,
    – Ma mère, ne me frappez pas !
Que eu inda sou pequenina !
    Je suis encore toute petite !

Tenho quatro ou cinco anos,
    J'ai quatre ou cinq ans,
Inda sou uma criancinha. (bis)
    Je ne suis qu'une toute petite fille.

Pombinha branca <small>CD 25</small>

Pombinha branca, que estás fazendo ?
    Colombe blanche, que fais-tu là ?
Lavando roupa pro casamento.
    Je lave le linge pour le mariage.

Vou me lavar, vou-me secar,
    Je vais me laver, je vais me sécher,
Vou na janela pra namorar.
    Je vais à la fenêtre pour m'entendre
    conter fleurette.

Passou um homem de terno branco,
    Passe un homme de blanc vêtu,
Chapéu do lado, meu namorado !
    Le chapeau sur l'œil, mon fiancé !

Mandei entrar, mandei sentar,
    Je l'invite à entrer, je l'invite à s'asseoir,
Cuspiu no chão.
    Il crache par terre.
– Limpa aí seu porcalhão
    – Nettoie ta saleté, petit cochon !
Tenha mais educação !
    Ah, quelle éducation !

Ciranda, cirandinha

CD 26

Ciranda, cirandinha,
   Ciranda*, petite ciranda,
Vamos todos cirandar,
   Dansons ensemble la ciranda,
Vamos dar a meia-volta,
   Nous allons faire un demi-tour,
Volta e meia vamos dar.
   Un tour et demi nous ferons.

O anel que tu me destes
    La bague que tu m'avais donnée
Era vidro e se quebrou,
    Était en verre et s'est brisée,
O amor que tu me tinhas
    L'amour que tu me témoignais
Era pouco e se acabou.
    Était léger, s'est envolé.

Por isso Dona Ana
    Alors, Dona Ana,
Faz favor de entrar na roda,
    S'il vous plaît, entrez dans la ronde,
Diga um verso bem bonito,
    Dites-nous un joli vers,
Diga adeus e va-se embora !
    Tirez votre révérence, adieu !

* ciranda : petite ronde.

Lá vai uma, lá vão duas CD 27

Lá vai uma, lá vão duas,
    En voilà une, en voilà deux,
Três pombinhas a voar,
    Trois colombes, envolées,
Uma é minha, outra é tua,
    L'une est à moi, l'autre est à toi,
Outra é de quem a apanhar.
    L'autre est à qui l'attrapera.

A criada, lá de cima
    La bonne, celle du dessus,
É feita de papelão.
    Est une bonne en carton.
Quando vai fazer a cama,
    Quand elle va faire le lit,
Diz assim para o patrão :
    Elle dit ainsi au patron :

– Sete e sete são catorze,
    – Sept et sept font quatorze,
Com mais sete vinte e um.
    Plus sept font vingt et un.
Tenho sete namorados
    J'ai sept fiancés
E não gosto de nenhum.
    Et je n'en aime aucun !

O trem maluco
CD 28

O trem maluco
Le petit train fou
Quando sai de Pernambuco,
Quand il part de Pernambouc,
Vai fazendo chic, chic
Il avance en faisant tchou-tchou
Até chegar no Ceará.
Jusqu'à arriver au Ceará.

Rebola pai, mãe, filha,
  Il bringuebale père, mère, fille,
Eu também sou da familia,
  Moi aussi, je suis de la famille,
Também quero rebolar !
  Moi aussi, je veux être bringuebalé !

Capelinha de melão*,
  Petite chapelle de melon,
E de São João,
  Chapelle de Saint-Jean,
E de cravo,
  Faite d'œillets,
E de rosa,
  De roses,
E de manjericão.
  Et de basilic.
São João esta dormindo,
  Saint Jean est endormi,
Não acorda não,
  Il ne se réveille pas, non,

Acorda, acorda, acorda !
  Réveille-toi, réveille-toi !
Acorda João !
  Réveille-toi, Jean !

O balão vai subindo,
  Le ballon s'élève,
Vem caindo a garoa.
  La bruine de la nuit descend.
O ceu é tão lindo,
  Le ciel est si beau,
E a noite é tão boa,
  Et la nuit est si belle,
São João, São João,
  Saint Jean, saint Jean,
Acende a fogueira do meu coração !
  Allume les feux de mon cœur !

* capelinha de melão :
melon évidé, décoré
et éclairé au centre
par une bougie.

Teresinha de Jesus

Teresinha de Jesus
De uma queda foi ao chão.
    En glissant est tombée par terre.
Acudiram três cavalheiros
    Accoururent trois cavaliers
Todos três de chapéu na mão.
    Tous les trois, le chapeau à la main.

O primeiro foi seu pai,
    Le premier fut son père,
O segundo seu irmão,
    Le deuxième fut son frère,
O terceiro foi aquele
    Le troisième fut celui
Que a Teresa deu a mão.
    À qui Teresa donna sa main.

Da laranja quero um gomo,
    De l'orange je veux un quartier,
Do limão quero um pedaço,
    Du citron je veux un morceau,
Da morena mais bonita,
    De la jeune fille la plus belle,
Quero um beijo e um abraço.
    Je veux un baiser et une étreinte.

Commentaires

par Magdeleine Lerasle

Qui se souvient que lorsque la Flotte des Indes s'élança le 5 mars 1500 à la conquête du Nouveau Monde, toutes les cloches de Lisbonne saluèrent l'événement en sonnant *Tão balalão* ? En réunissant dans un même ouvrage ces 30 comptines et chansons du Brésil et du Portugal, parmi plus de 300 collectées, nous avons voulu retrouver à la fois la singularité et les liens entre ces deux pays, au-delà de leur langue commune.

Au Brésil, même si la musique traditionnelle enfantine est d'origine européenne (essentiellement française et portugaise mais aussi italienne, hollandaise, espagnole...), elle se mélange aux cultures africaine et indienne, comme dans *Escravos de Jó* ou *Boi, boi, boi*. Au Portugal, le répertoire très authentique nous ramène souvent à une époque passée, où la vie était réglée par les semailles et les moissons, le rythme des saisons, les fêtes religieuses... Pourtant, aujourd'hui, les enfants portugais continuent de chanter *As pombinhas da Cat'rina*. Savent-ils que de l'autre côté de l'Atlantique, les cours des écoles brésiliennes résonnent aussi des mélodies de *Papagaio loiro* ou de *Ciranda, cirandinha* ? En effet, de Lisbonne à Bahia, de Porto à Rio, les comptines traditionnelles voyagent. Et, même s'il est difficile de fixer ce corpus mouvant, elles aussi contribuent à tisser les liens profonds qui unissent les deux pays.

Cherchant l'authenticité verbale, respectueux de la mémoire et des émotions d'enfance de nos interprètes, nous avons retranscrit sur le CD et dans le livre, la version qu'ils ont chantée spontanément. Elle s'éloigne quelquefois d'un mot, d'une note, d'un couplet... de la version d'origine. Nous donnons ici d'autres paroles. Puissent-elles réveiller les souvenirs et faire naître de nouvelles variantes !

Page 8, CD 1
Papagaio loiro (Brésil, Portugal)
Comme beaucoup, cette comptine chantée aux enfants est à l'origine une chanson d'amour.
Dans sa version traditionnelle, la jeune fille demande au perroquet de transporter une lettre à son fiancé parti au loin : *para o outro lado* (de l'autre côté de l'océan), *para a outra margem* (sur l'autre rivage). Elle compare son fiancé à un œillet, la fleur typique du Portugal, symbole de beauté et d'élégance. Ne dit-on pas pour exprimer son admiration : *Você cheira a cravo !* (Tu sens l'œillet !) ou *Você é como um cravo !* (Tu ressembles à un œillet !)
Longtemps inconnu des Européens, puis ramené du Brésil par les caravelles, le perroquet est devenu au Portugal un oiseau mythique. Dans ses chroniques de la fin du XVIIIe siècle, l'abbé de Raynal évoque d'ailleurs les bannis, les expatriés, qui auraient utilisé ces *papagaios* pour donner des nouvelles à leurs proches restés en Europe : « Tous les ans partaient du Portugal deux navires emportant pour le Nouveau Monde tout ce que le royaume avait de scélérats, déportés, bannis, filles de joie... Ils revenaient chargés de perroquets et de bois précieux... »
Il est d'ailleurs amusant de noter que le perroquet dit chez nous *jaco* ou *coco*, au Brésil *lóro, lóro* et au Portugal *cro, cro*.
Sur le CD, le musicien joue du *bandolím*, un instrument à huit cordes de la famille des mandolines.

Page 10, CD 2
O vendedor de água (Portugal)
Cette chanson de métier évoque la figure traditionnelle du vendeur d'eau de Madère, qui grimpait dans les rues ensoleillées de Funchal et interpellait les passants en faisant tinter son gobelet d'étain contre la cruche de terre ou la bonbonne empaillée qu'il portait sur le dos. Au Portugal, on trouvait également des vendeurs d'eau au temps des trains à vapeur, sur les quais des gares surchauffées. La musique mêle avec entrain accordéon, percussions et guitare. Il existe également un autre couplet :
Quem quer comprar que eu vendo ?
   Qui veut acheter ce que j'ai à vendre ?
Eu preciso de vender uma casa sem telhado
   Ce que j'ai à vendre, c'est une maison sans toit
E com as paredes por fazer !
   Et dont les murs sont encore à bâtir !

Page 12, CD 3
A janelinha fecha (Brésil)
Dans toutes les langues du monde, des petits jeux faits de caresses et de chatouilles aident l'enfant à prendre conscience de son visage et de son corps. Celui-ci peut être joué au moment du bain. Les yeux sont comparés à des petites fenêtres qui s'ouvrent et se ferment en fonction du temps qu'il fait : un bon moyen de familiariser le tout-petit avec la présence et l'absence, et d'instaurer entre sa mère

et lui, une relation de tendre complicité qui l'aide à grandir. On peut le rapprocher de *Xi coração*, une formulette très connue au Portugal, où l'adulte tend les bras à l'enfant et le couvre de bisous :
Xi coração, aperta amor, dei um abraço, numa linda flor !
Viens mon cœur, serre-moi fort, j'ai embrassé une jolie fleur !

Page 13, CD 4
Boi, boi, boi (Brésil)
Cette berceuse mystérieuse, anonyme et très ancienne, est certainement la plus connue du Brésil.
Sur le CD, on la trouve d'abord sous sa forme traditionnelle, murmurée au creux de l'oreille. Elle est ensuite détournée par les jeunes chanteuses en une samba effrénée dont le rythme est donné par la *batucada*, ensemble de percussions qui réunit différents tambours (*surdo, tamborim, repinique, caixa*), *apito* (sifflet), *reco-reco* (grattoir), *caxixi* (sachet avec des graines), *cuica* (tambour à friction aux sons grinçants), *agogo* (cloches de fer).
Les paroles étranges font peur à l'enfant. Au Brésil en effet, le *boi da cara preta* (bœuf à la tête noire) est l'équivalent de notre loup-garou. Quand l'enfant n'est pas sage, on le menace d'appeler le bœuf en désignant une pièce sombre au fond de la maison ! Très vite il comprend que celui-ci n'existe pas, mais joue à avoir peur.

Page 14, CD 5
Ó oliveira da serra (Portugal)
Ce chant de travail appartient au registre des *cantigas de serga e rimance* (chansons des moissons et romances) au même titre que le célèbre *Ó alecrim*. Tous deux symbolisent la terre natale dans l'âme et le cœur des Portugais. Ces chansons à répons avaient pour fonction d'unifier le groupe, de maintenir la cadence et de faire oublier la fatigue.
Pur produit de la poésie populaire, qui rime les actions quotidiennes et parle d'amour et de liberté, elles s'inscrivent probablement dans la lignée de l'*Épopée* en vers de Camões (*Os Lusiades*). De nos jours, elles sont apprises dans les écoles et les chorales et souvent chantées lors des fêtes populaires. Sur le CD, l'accompagnement associe l'accordéon, la contrebasse et des percussions.

Page 15, CD 6
Meu limão, meu limoeiro (Brésil)
Cette *samba-canção*, douce et mélodieuse, sur laquelle les enfants dansent en glissant les pieds d'un côté, de l'autre, en se balançant, est en réalité une véritable chanson d'amour.
Le *jacaranda*, arbre exotique de très grande valeur, désigne dans le langage populaire de Bahia la mulâtresse, image de la beauté et de la sensualité féminines absolues, dont le corps souple et basané évoque à la fois la liane et la fumée du cigare. Le citronnier qui, lui, change d'aspect et de couleur sous le vent peut plutôt être assimilé à la femme changeante, versatile...
Cette chanson est interprétée sur le CD par une voix d'homme en bossa-nova et accompagnée par l'accordéon, la guitare, la contrebasse, les maracas et la *cuica*.

Page 16, CD 7
Minhoca, minhoca (Brésil)
Dans toutes les langues du monde, on retrouve ce type de jeu de chatouilles (sous le menton, l'aisselle...). Selon les pays, les animaux varient : bébête qui monte qui monte en France, petite fourmi ou petite souris au Maghreb, chat et souris qui se courent derrière au Portugal ou au Brésil. Ici, la maman, imitant un ver de terre qui ne veut pas embrasser, parcourt le corps du bébé en s'arrêtant sur trois points précis, et finit par déposer un gros baiser sonore à un endroit inattendu : le ventre, les fesses, les pieds...
Sur le CD, la voix des enfants est soutenue par le *reco-reco*.

Page 17, CD 8
Samba, Samba, Samba lê lê (Brésil)
Connue dans le monde entier, cette petite chanson enfantine est une samba. Cette danse populaire, « la » danse du carnaval, a subi l'influence des chants et danses africains. La samba est, au Brésil, un véritable art de vivre, voire une religion, et prend toute son importance au moment du carnaval. Elle symbolise bien le métissage et le syncrétisme brésiliens, et a permis aux Brésiliens d'origine africaine de conserver et de mêler leur religion et leurs danses (rites *candomblé*).
Samba lê lê est un jeune garçon maladroit qui marche sur le jupon de sa partenaire et reçoit en retour *uma boa lambada* (une bonne gifle) ou *umas boas palmadas* (plusieurs claques). Les enfants adorent chanter et mimer cette histoire. Sur le CD, l'enregistrement commence par une longue introduction de *maracatu* (rythme du Nordeste), puis l'accordéon développe la ligne mélodique de la chanson.

Page 18, CD 9
Um, dois, feijão com arroz (Brésil, Portugal)
Même si cette comptine d'énumération et d'élimination est connue au Portugal, elle est surtout très populaire au Brésil. Le *feijão* (petit haricot noir) est à la fois l'ingrédient de base de la *feijoada*, le plat national brésilien, et le symbole du pouvoir d'achat, l'équivalent de notre « pain quotidien ». Là encore, sur le CD, la voix scandée du garçon est soutenue par une *batucada* (qui peut d'ailleurs être improvisée avec deux cuillères à café, une boîte d'allumettes, une poêle à frire...).

Page 19, CD 10
De abóbora faz melão (Brésil)
Cette ronde mimée et chantée fait référence au Brésil colonial, organisé autour de la production du sucre : d'un côté, l'imposante et austère maison du patron, où vivait, confinée, sa femme (la *sinhá*) et, de l'autre, le logement des esclaves (représenté par *la casa do Juquinha*) où l'on dansait et chantait.
Quoi qu'il en soit, les enfants adorent cette chanson où sont cités les fruits du Brésil et les douceurs d'antan : *papos de anjos, cabelos de anjos, doce de maracujá, bananada* et autre *cocada*. Ils dansent, sautent et se déhanchent sur la musique légère et entraînante, qui mêle accordéon, grelots, guitare, maracas, instruments de musique européens et afro-brésiliens.

Page 20, CD 11
Se essa rua fosse minha (Brésil)
Cette *modinha* (chanson d'amour traditionnelle) très poétique évoque avec mélancolie l'absence de la bien-aimée. Apparue dans la colonie brésilienne puis transportée avec succès à la cour lisboète vers la fin du XVIIIe siècle, la *modinha* est restée un genre populaire très vivant au Brésil.
Celle-ci était peut-être chantée, après leur dure journée de labeur, par les mineurs partis à Ouro Preto, Congonhia, Mariana ou Diamantina à la conquête de l'or et des pierres précieuses.
Sur le CD, guitare, violoncelle et contrebasse installent dès le début de la ballade un climat onirique.

Page 22, CD 12
Dedo mindinho (Portugal)
Ce jeu de doigts, recueilli dans la région de Serra-de-Estrela, utile pour distraire ou calmer le bébé qui pleure, est une véritable pièce de théâtre. Le rideau s'ouvre : l'adulte fait une annonce avec emphase, la plus courante est celle-ci : *Éste é um conto de adivinha !* (Voici une devinette !) puis il récite la comptine en saisissant chacun des doigts de l'enfant et en les secouant. Les versions sont nombreuses et varient en fonction de l'humeur ou de la mémoire de celui qui récite. Le décorateur de gâteaux est bien entendu l'index d'un petit gourmand impatient qui trempe le doigt dans la pâte.
Le *tric* final, que l'enfant attend avec délice, évoque le bruit des ongles écrasant les lentes de poux !
Ce type de jeux de doigts, codifiés et souvent suivis de chatouilles, est très répandu dans le monde méditerranéen. On peut le rapprocher de la comptine brésilienne *Cade o toucinho que estava aqui ?* (Où est le morceau de lard qui était ici ?), une devinette et chanson récapitulative importée du Portugal.

Page 22, CD 13
Tão balalão (Portugal)
Dans ce jeu de balancement, l'enfant, assis sur les genoux de l'adulte qui le tient par les mains, est balancé d'avant en arrière, sur un rythme qui imite le carillon d'une église. Le *tão balalão* évoque un son de cloche puissant annonçant un événement important : mort, naissance, passage d'un personnage de renom. C'est aussi une comptine pour se faire peur : qui est le personnage fantasmatique et effrayant qu'elle décrit ? Il n'y a pas si longtemps, on menaçait encore les enfants qui n'étaient pas sages en leur disant : « Attention, les Maures vont venir te chercher ! », allusion historique à l'occupation mauresque du Portugal.

Page 24, CD 14
Escravos de Jó (Brésil)
Tous les enfants brésiliens ont joué un jour à *Escravos de Jó*, et tous les adultes s'en souviennent avec nostalgie. C'est un jeu de latéralisation, de percussion et d'adresse. Les enfants assis forment un cercle, un (ou deux) objet(s) (sonores de préférence, comme une boîte d'allumettes ou des coquillages...) placé(s) devant eux. Quand la chanson démarre, ils saisissent l'objet et le font passer de main en main en suivant rythme et paroles, en croisant et décroisant les bras. Le mouvement croisé de retour en arrière et de va-et-vient sur *zig, zig, zá* évoque les pas de côté des crabes et leurs combats de pinces. Celui qui se trompe et casse le rythme est éliminé.
La *caxanga*, synonyme de *siripu*, désigne un crabe des marécages et a donné son nom à un type de *capoeira*, un art martial et chorégraphique d'origine bantou, surtout développé à Bahia.
Quelquefois, les enfants y jouent debout. Collés les uns derrière les autres, ils forment alors un cercle fermé et font avancer l'objet, bras tendu vers le bas, sans le voir. Typiquement afro-brésilien (rites *candomblé*), l'arrangement musical mélange *pandeiro, atabaque*, grelots de coquillages, *ganzás*, flûte et *agogo*.

Page 26, CD 15
Fui no Itororó (Brésil)
Cette ronde se prête a des déplacements complexes et amusants, tantôt collectifs, tantôt individuels. Les enfants tournent en marchant d'un pas léger, sautillant... Puis l'enfant désigné pour être *Dona Maria* vient en sens inverse au milieu de la ronde. Il choisit son cavalier et tous deux entament le jeu de pieds. Les enfants de la grande ronde, deux par deux, jouent aussi. Ils avancent le pied pour toucher celui de leur partenaire : pied droit avec pied droit, puis pied gauche avec pied gauche. Il faut garder son équilibre et conserver le rythme. Puis la ronde recommence. Les jeux de séduction autour des sources et fontaines,

présents dans toutes les cultures, sont à l'origine d'un répertoire d'une très grande richesse.
Ici, l'histoire raconte une rencontre amoureuse auprès de la fontaine Itororó (nom qui signifie *pierre qui chante* en tupi-guarani) et a certainement ses origines dans la tradition médiévale ibérique.

Page 28, CD 16
Dorme, dorme, meu menino (Portugal)
Cette berceuse n'est pas sans rappeler le célébrissime *José embalava o menino* de Castelo Branco. Interprétée ici suivant une version du nord du Portugal, elle est soutenue simplement par quelques accords de guitare et précédée par *Cala, cala, menino, cala*, autre berceuse susurrée *a cappella*, d'une voix douce. Elle peut aussi être dite par un homme et sur un ton fort, pour détourner l'attention du bébé qui pleure et le calmer. On peut la compléter avec ce quatrain, qui évoque le temps où les femmes berçaient avec le pied tout en continuant de la main leurs tâches domestiques :
Maria embala o menino
    Marie berce l'enfant
Com a mão e nao com o pé.
    Avec la main et non avec le pied.
O menino que ela embala
    L'enfant qu'elle berce
É Jesus de Nazaré.
    C'est Jésus de Nazareth.
Rappelons que la religion catholique occupe une place fondamentale dans la vie quotidienne des Portugais et lorsque l'on berce, nombreuses sont les louanges à Dieu (*O Senhor*), à l'enfant Jésus (*Menino Jesus*), à Marie (*Maria, Nossa Senhora*) ou à Joseph (*José*), comme ici :
O meu menino é d'ouro
    Mon bébé est en or
D'ouro é o meu menino
    En or est mon bébé
Hei-de levá-lo pro céu
    Je l'emmènerai jusqu'au ciel
Enquanto é pequenino.
    Pendant qu'il est tout petit.

Page 30, CD 17
A machadinha (Portugal)
L'accordéon et la guitare transforment cette ronde traditionnelle enfantine en une chanson campagnarde. Les enfants adorent l'histoire de cette petite hache qui refuse d'obéir à son propriétaire. Ils tournent en sautillant et en chantant sur le rythme syncopé des quatre premiers vers, mimant le mouvement du hachoir, en se tenant solidement par les mains.
Tous les enfants chantent en chœur, jusqu'à ce que l'un d'entre eux saute au centre de la ronde et appelle, seul, son cavalier. Ensuite, pendant que la grande ronde continue à tourner, le couple formé peut chanter ce couplet (non enregistré) :
O meu par já eu sei quem é
    Mon cavalier, moi je sais déjà qui c'est
É um rapazinho chamado José
    C'est un jeune garçon qui s'appelle José,
Chamado José, chamado José.
    Il s'appelle José, il s'appelle José.
É o rapazinho de meu coração !
    C'est le jeune garçon qui a ravi mon cœur !

Page 31, CD 18
Pico, pico, maçarico (Portugal)
Ce jeu de pincements pour éliminer ou choisir quelqu'un et pour tester sa résistance à la douleur est typiquement méditerranéen. Il se retrouve dans tout le Portugal sous différentes formes : *Serro bico, Pico pico, Maçarico*, etc.
Sur le CD, on en entend deux variantes (Serra de Estrela et Trás-os-Montes) mais seule la deuxième est retranscrite. Il se joue à deux : chaque enfant pose une main à plat et avec l'autre main, pince le dessus de la main adverse sur le rythme de la comptine. À la fin, le pincement s'accentue ; celui qui crie *aie !* est éliminé ou a un gage. La formulette finale (*Comme la puce dans la balance, fais un saut et va-t'en en France !*) souligne un exploit extraordinaire ; c'est une allusion aux liens très étroits qui ont uni la France et le Portugal sur les plans culturels et politiques.
Comme souvent, cette comptine permet aussi de se moquer des puissants : ici le curé surnommé *O Padre Da Botelha* (le Père La Courge), en référence à son gros ventre et peut-être aussi à sa lâcheté, ailleurs le juge ou son fils (*Foi o filho do juiz*), comme dans *Serro bico*.

Page 32, CD 19
Marinheiro só (Brésil)
Cette chanson de marins fait dialoguer un soliste (représentant le marin coquet, regardé par les femmes, mais esseulé) et un chœur. Elle est connue dans tout le Brésil et jusqu'en France, où elle a été reprise par de nombreux chanteurs. Les versions varient d'une région à l'autre.
Sur le CD, l'arrangement met en avant le *berimbau*, un arc musical avec calebasse, accompagnant la *capoeira*. L'introduction évoque le ressac et nous transporte dans la ville *de tous les saints* : Bahia. Puis la chanson se développe sur le rythme du *baião*, une danse syncopée et rapide de Bahia. Cette chanson à la fois festive et collective et en même temps empreinte de nostalgie, la *saudade*, représente bien l'art de vivre brésilien.

Page 34, CD 20
Fui ao mercado (Brésil)
Cette chanson entraînante est une métaphore coquine et universelle de la rencontre amoureuse : une jeune fille croise au marché une bébête qui, au fil de ses achats, monte, monte le long de son corps.
Les enfants adorent la mimer en secouant successivement le pied, la cuisse, la main, et enfin les fesses...
Puis ils inventent d'autres rimes : *perdiz* (perdrix)/*nariz* (nez), *limão* (citron)/*mão* (main), *lagosta* (langouste)/*costa* (dos) etc.
Sur le CD, on retrouve guitare, *cuica, bandolim* et accordéon.

Page 36, CD 21
Atirei o pau no gato (Brésil, Portugal)
Cette ronde endiablée est connue dans tous les pays lusophones (Angola, Mozambique, Macao, Cap Vert, São Tomé, etc.). Les enfants la chantent à tue-tête avant de se précipiter par terre en imitant le cri du chat. C'est à celui qui miaulera le plus fort !
Ils se régalent du délire verbal et des jeux de mots (*tótó* = le toutou ou le chignon, *réu* = le coupable et *caca*). Un enfant, au milieu de la ronde, joue le rôle du chat pendant que les autres tournent avec allégresse. Chaque fois que la syllabe est doublée, ils sautent à pieds joints sur place ! À la fin, ils se laissent tomber par terre et le chat doit en attraper un avant qu'il ne soit au sol. Celui-ci devient à son tour le chat battu et la ronde recommence.

Page 37, CD 22
A galinha do vizinho (Brésil, Portugal)
Ce jeu de doigts apprend à parler et à compter de 1 à 10, sur ses deux mains. On caresse la paume de l'enfant puis on compte en saisissant et en secouant tous les doigts en partant du pouce. Au fur et à mesure la voix monte et à *dez !* elle explose. Ce jeu apprend aussi à articuler avec une très grande clarté.

Page 39, CD 23
Os olhos da Carolina (Portugal)
Cette *moda* traditionnelle est une ronde. Les enfants ont vite détourné cette chanson d'amour aux paroles très imagées pour en donner cette version plus truculente :
A saia da Carolina
　La jupe de Caroline
Tem um lagarto pintado
　A un lézard peint dessus
Tem cuidado Carolina
　Prends garde Caroline
Que o lagarto vai-te ao rabo !
　À ce que le lézard ne se glisse sur tes fesses !

Sur le CD, les flonflons de l'accordéon nous entraînent dans une *vira*, danse traditionnelle de bal.

Page 40, CD 24
As pombinhas da Cat'rina (Portugal)
Cette chanson est connue de tous les petits Portugais. De type *fandango*, elle est aussi apprise dans les écoles et dansée dans les groupes folkloriques de Porto. La musique très rapide oblige l'enfant à bien articuler.
Avant de devenir enfantine, cette chanson relatait peut-être (à travers les images des colombes passant de main en main et de la cruche cassée) les aventures amoureuses d'une jeune fille pas très sage. On connaît deux autres répliques finales.
1/ *Não te bato porque achaste*
　Je ne te bats pas parce que tu as retrouvé
　As pombinhas da Cat'rina !
　Les petites colombes de Cat'rina !
2/ *Eu hei-de ganhar dinheiro*
　Je gagnerai de l'argent
　Par outra cantarinha.
　Pour acheter une autre petite cruche.

Page 41, CD 25
Pombinha branca (Brésil)
Cette ronde guillerette met en scène deux figures typiques du Rio ancien : la jeune fille pure et son fiancé, le *malandro*. Tous les enfants tournent en chantant. Un enfant désigné pour être l'élégante *pombinha branca* marche avec légèreté à l'intérieur de la ronde (en sens inverse). Le fiancé (qui était à l'extérieur) arrive, lui aussi très coquet, mimant le *malandro* un peu voyou dont elle est amoureuse. Il entre dans la ronde, fait semblant de s'asseoir et de cracher par terre. La ronde s'arrête alors et la colombe bien élevée se fâche. Puis tous les enfants reprennent en chœur la phrase finale, et la ronde recommence : l'enfant désigné pour être le *malandro* devient à son tour la *pombinha*. L'intérêt du jeu en tant qu'objet de socialisation vient de la capacité à jouer les deux rôles. Sur le CD, l'accompagnement associe guitare, accordéon, clavier, violoncelle et maracas.

Page 42, CD 26
Ciranda, cirandinha (Brésil, Portugal)
La *ciranda* est une ronde dans laquelle les enfants font des tours et des demi-tours. La forme traditionnelle fait alterner chœur d'enfants et soliste. Ce mot d'origine espagnole et arabe désigne au départ un tamis. Au Portugal, c'est devenu une danse folklorique. Elle accompagnait vraisemblablement les travaux domestiques le soir à la veillée, ou la récolte des olives dans les champs. Aujourd'hui, la *ciranda* reste bien vivante, grâce à la passion des associations culturelles portugaises en France et ailleurs. Également présente dans

tout le Brésil, c'est une danse très prisée des enfants :
ils accompagnent le rythme d'un mouvement des bras
qu'ils lèvent et baissent en cadence. Lorsque la ronde
devient trop grande et qu'elle ne peut plus tourner,
une ronde plus petite se forme à l'intérieur.

Page 44, CD 27
Lá vai uma, lá vão duas (Brésil, Portugal)
Sous son apparente simplicité, cette ronde chantée
et mimée, est très codifiée. Après les quatre premiers vers,
le refrain (dans lequel on compte jusqu'à 7) alterne avec
un quatrain où l'on improvise pour présenter un personnage
de plus en plus saugrenu. La ronde ne s'arrête que lorsque
les chanteurs sont à court d'imagination. Dans le premier
quatrain, l'expression amusante *fazia papelão* signifie
peut-être que la bonne fabulait, racontait des histoires.
En tout cas, ses sept fiancés continuent de captiver
les enfants, pour qui compter relève encore de la magie...
Surtout avec un chiffre sacré !
Au Portugal, dans les années cinquante, dans la région
de Trás-os-Montes, cette chanson était encore le support
d'un jeu de frappe pour se réchauffer les mains, les matins
d'hiver, avant de rentrer en classe. Au Brésil, où elle est
toujours chantée dans les fêtes nordestines et dans les cours
d'école, elle a conservé toute sa force de joute oratoire
et la truculence qu'elle a peut-être perdue au Portugal.

Page 46, CD 28
O trem maluco (Brésil)
Le train est un grand classique des jeux
moteurs et langagiers enfantins. Cette comptine
décrit le voyage pittoresque dans le vieux
train en bois qui reliait le Pernambouc
au Ceará, deux états du Nordeste brésilien.
Les enfants, accrochés les uns aux autres, avancent
en chantant et en traînant les pieds, roulant,
tanguant, ralentissant, accélérant, sur le rythme
de la chanson avec force onomatopées.
L'accompagnement musical se veut aussi
imagé et humoristique que les paroles :
les sifflets imitant la locomotive, le soufflet de l'accordéon,
le rythme du train et l'accordéon, les maracas et
le *bandolím*, son bringuebalement chaotique.

Page 48, CD 29
São João (Brésil)
Les fêtes catholiques introduites par les jésuites ont au Brésil,
en raison du métissage culturel, une dimension païenne
et colorée. Il en est ainsi de la Saint-Jean. À cette occasion,
chaque quartier fabrique un petit lampion en forme de
montgolfière et le suit des yeux, en espérant qu'il ne va pas
flamber. Dès qu'il est en l'air, les enfants tentent de s'emparer
de celui des voisins. Une course poursuite féroce s'engage.
Tout le monde crie, court, chante.
Des pétards éclatent. Les feux de joie crépitent. Les danseurs
habillés en *caipira* (paysans d'opérette) dansent dans
un charivari indescriptible, polkas, quadrilles et autres danses
de salon. Et au milieu des flonflons de l'orchestre, le maître
et le contre-maître dirigent en français les danseurs, à grands
coups de *bombo* (gros tambour) et d'*apito* (sifflet) avec
un accent inénarrable : *En avant ! En arrière ! Demi-tour !
Tournez ! Changez !* Ces danses populaires, directement
importées d'Europe par les premiers colons, constituent
aujourd'hui la musique folklorique populaire et rappellent
la musique cajun et country.

Page 50, CD 30
Teresinha de Jesus (Brésil, Portugal)
Proche d'une *modinha*, cette ronde, dont nous
avons enregistré trois couplets seulement, se prête
à l'improvisation et connaît de multiples variantes
dont certaines ont des références mystiques. Ainsi,
au Portugal, les enfants chantent encore :
Teresinha de Jesus
    Teresinha de Jesus
Abre a porta e vê quem é
    Ouvre la porte et voit qui est là
É um hommen pequenino
    C'est un homme, tout petit
A quem Teresinha deu a mão !
    À qui Teresinha a donné sa main !
Il en existe aussi un troisième couplet,
non enregistré sur le CD :
Tantas laranjas maduras,
    Tant d'oranges mûres,
Tantos limões pelo chão,
    Tant de citrons sur le sol,
Tanto sangue derramado
    Tant de sang qui coule
Dentro do meu coração.
    Dans mon cœur.
La ronde se prête à des déplacements complexes : au début,
un enfant est seul à l'intérieur. À la fin, il en choisit un autre,
puis la ronde recommence. Les deux enfants restent au
centre de la première ronde et tournent en sens inverse
en se tenant par la main. À la fin, ils choisissent de nouveau
chacun un enfant, etc. Très vite la ronde du milieu étouffe
et démolit la première. La confusion qui s'ensuit déclenche
rire et chahut. On peut aussi mimer cette histoire : un enfant
tombe, trois autres se présentent à lui en multipliant
révérences et courbettes, mais un seul est choisi !
Sur le CD, l'interprétation musicale (violoncelle, contrebasse,
guitare) privilégie une couleur musicale pleine de gravité,
inspirée de Villa-Lobos.

Remerciements

Pour leur soutien et leurs encouragements : Agusta Feirrera, Jean-François et Vincent Lerasle, Marie-Claire Glain, Claudine Napp, Maryvonne Lafont, Irène Machado et Fabien Lopes, et tous mes amis portugais et brésiliens…

Pour leur participation au collectage et leur accueil chaleureux : Teresa Soares, Teresa et Daniela Cerdeira, Filismena Correia, Ana Paula et Paulo Da Cruz, Alice et Dona Flor Ramos, Palmira Arraujo, Lucia et Carlos Arraujo, Marie-Claire Château, Sonia Andrade, Maria Gonçalves, Isabel Minhos, Aline Barbosa, Isabelle Lafon…

Pour ses émotions, ses souvenirs, ses traductions, son aide précieuse :
Alice Machado, ma complice du Quartier Latin.

Magdeleine Lerasle

À Michèle Moreau pour l'occasion qu'elle m'a donnée de réaliser ce troisième livre.
À toute l'équipe de Didier Jeunesse.

Paul Mindy

Un grand merci à Mathis, ma petite lumière, à son cousin Igor, à Adrien pour son amour et à Marion pour son soutien, et bien sûr, Brigitte, Carole, Élodie, Lisa, Lola et Maud, ma famille et tous ceux que j'aime.

Aurélia Fronty

Merci Cindy, Élodie, Ophélie, Marine et Fabien pour votre enthousiasme, votre sérieux et votre musicalité.
Merci aux chanteurs en herbe de l'école Bião (27, rue Jean Cottin - 75018 Paris - www.biao.fr.st).
Merci à Michèle pour sa sensibilité et merci à Emmanuelle qui m'a permis de participer à ce beau projet.

Gerson Leonardi